Arnold Keyserling

DIE METAPHYSIK DES UHRMACHERS

VON

GUSTAV MEYRINK

Verlag Bruno Martin
1988

Erstveröffentlichung 1966:
Verlag der Palme, Wien
Neuausgabe 1988:
Verlag Bruno Martin, 2121 Südergellersen

Titelgestaltung: Gerriet Ahnen
Druck: Fuldaer Verlagsanstalt, Fulda

ISBN 3-921786-57-6

INHALT

DIE PRAGER ESOTERIK

Es ist wohl eine Binsenwahrheit, daß wir heute in einer Zeit grundsätzlicher Umwandlungen auf allen Gebieten leben. Die Folgen der Technologie, die Veränderungen der menschlichen Lebensverhältnisse sind zu offensichtlich, als daß man darüber noch Worte verlieren müßte. Doch gibt es auch Wandlungen, die nicht so sehr ins Auge springen, weil sie nur eine kleine Gruppe von Menschen angehen. Solch eine Wandlung wollen wir im Folgenden besprechen: nämlich die Veränderung der Beurteilung der esoterischen Traditionen des Denkens in ihrer Bedeutung für die Geistesgeschichte.

Noch im 19. Jahrhundert galt alle Esoterik — unter der wir sowohl das kosmische, astralmythische Denken, als auch die Gnosis, die Kabbala, die Mystik und die Bauhüttenlehre zusammenzufassen pflegen — als krasser Aberglaube. Während der Herrschaft des mechanischen Materialismus, da die lückenlos deterministische Kausalität zum absoluten Kriterium der Wissenschaft aufgestiegen war, machte sich ein Forscher, der eine Beschäftigung mit diesen Gebieten auch nur andeutungsweise verlauten ließ, im

Kreise seiner Kollegen unmöglich. Die erste Wandlung dieser Einstellung kam in der Kunstgeschichte: da es nicht angeht, die Kunst der Antike, des Mittelalters, der Renaissance und des Barock ohne Rücksicht auf die ihr zugrundeliegenden Vorstellungen zu betrachten, begann ein Studium der Bedeutung vor allem der astralmythischen und alchimistischen Symbolsprache; ich möchte vor allem auf die epochemachenden Arbeiten von Delitsch, Drews, Eisler und Jeremias hinweisen, deren Richtung in vorbildlicher Weise von Stejskal und Krasa fortgeführt wurde. Einen anderen Zugang gewann die vergleichende Religionsforschung und Tiefenpsychologie, von Rudolf Otto und C. G. Jung bis zu Heiler, Mensching und Ernst Benz. Die vergleichende Anthropologie und Ethnologie konnten nachweisen, daß die sogenannte Volksreligion sich immer und überall auf die gleichen Urkomponenten zurückführen läßt, wenn auch die Hochreligionen und Hochkulturen in Symbolsprache und Interpretation voneinander abweichen. Der europäische Hochmut des 19. Jahrhunderts ist uns nach Erkenntnis des Wesens der alten Kulturen und Mythen weitgehend vergangen; immer mehr setzt sich im Zuge der kulturellen Selbstbestimmung der ehemals kolonialen Völker die Auffassung durch, daß die spezifisch westlich europäische Geisteshaltung, aus der als späte Blüte das zitierte kausalmechanische Weltbild entstand, nur eine bestimmte Facette der Wirklichkeit aufzeigt, die zwar wichtig ist, doch der Ergänzung durch andere bedarf.

Dennoch war es die wissenschaftlich-kritische Geisteshaltung, die Begleiterscheinung der technischen und industriellen Revolution, die zu jener grundsätzlichen Wandlung der

Einstellung geführt hat, welche es uns heute möglich macht, die früheren geistigen Auffassungen nicht nur historisch zu schildern, sondern auch zu verstehen: ich meine die physikalische Revolution von Einstein und Planck, in der die Kausalität ihre beherrschende Rolle im naturwissenschaftlichen Denken verlor.

Was trat nun an die Stelle der Kausalität? Noch Immanuel Kant hatte geglaubt, daß Kausalität eine Kategorie der Logik sei; daß also der Satz vom zureichenden Grund, die Verknüpfung von Ursache und Wirkung zur gleichen Gesetzlichkeit gehöre, wie die Kriterien der aristotelischen Logik: der Satz der Identität, des Widerspruchs und des ausgeschlossenen Dritten. Der mathematische Philosoph Gottlob Frege, und in seiner Folge die englische logisch-positivistische Schule wiesen um die Jahrhundertwende nach, daß die Kausalität, wie bereits David Hume vermutet hatte, keinesfalls der gleichen Ordnung zugehört wie die logischen Kriterien; der Beweis liegt darin, daß sich eine Kausalverknüpfung nicht in mathematischer Notation ausdrücken läßt, was bei allen rein logischen Sätzen der Fall sein muß. Ja es läßt sich sogar beweisen, daß der Erweis des Kausalgesetzes unmöglich ist, da es auf der sogenannten aufzählenden Induktion beruht. Alle Kausalsätze fußen auf Beobachtungen, aus denen eine Verallgemeinerung der Art gezogen wird, wie daß Wasser bei 100 Grad kocht: philosophisch bedeutet dies eine Beschreibung eines Zusammenhangs mehrerer Gegebenheiten. Doch aus dieser Beschreibung kann niemals hervorgehen, daß Wasser immer unter diesen Bedingungen kochen muß; es kommt also der kausalen Aussage im Unterschied zur logischen nicht ein absoluter,

sondern ein Wahrscheinlichkeitscharakter zu.
Die Kausalität läßt sich nicht mathematifizieren — wohl aber die Wahrscheinlichkeit. Der Satz der Wahrscheinlichkeit bedeutet, daß ein Vorgang, wenn er eine unendliche Anzahl von Malen wiederholt wird, die Gliederung annimmt, die sich aus seiner mathematischen Struktur ergeben kann. Wenn ich einen Würfel einmal werfe, dann weiß ich nicht, ob eine 6 oder eine 3 erscheinen wird. Wenn ich ihn hundertmal werfe, dann ist die Wahrscheinlichkeit gegeben, daß die 6 ungefähr so oft erscheinen wird, wie die anderen Zahlen. Wenn aber der Würfel eine unendliche Anzahl von Malen geworfen wird — dies ist der entscheidende Gedanke — dann muß die Zahl der Würfe mathematisch genau der sechsfältigen Gliederung seiner Möglichkeit, also seiner permutativen Potentialität entsprechen.
Hieraus war es der polnischen logischen Schule möglich, von der zweiwertigen Logik, die gleichsam auf ja und nein beruht, zur dreiwertigen aufzusteigen und die Wahrscheinlichkeitsrechnung zur Basis der Induktion zu erheben; diese letztere Entwicklung vollendete sich im vorigen Jahrzehnt in Amerika in Nachfolge der Wiener philosophischen Schule, vor allem durch Carnap und Feigl. Damit trat an die Stelle des Kausalgesetzes als letztes Kriterium des wissenschaftlichen Denkens die qualitative Struktur der Zahl, die als Konstante den Vorgang gleichsam magisch lenkt; und die Suche der Naturwissenschaftler und Wissenschaftsphilosophen richtete sich auf die Entdeckung dieser Zahlenkomplexe oder Konstanten, die als diskontinuierliche letzte unzurückführbare Größen als Bausteine das Weltall

bestimmen; ich erwähne nur die Plancksche Konstante, die Ladung des Elektrons, die Lichtgeschwindigkeit und den absoluten Nullpunkt. So sucht die heutige Naturphilosophie nicht mehr nach ehernen Gesetzen im Sinne Newtons oder, wenn wir historisch exakt sein wollen, des Vorsokratikers Xenophanes, sondern nach Konstanten, den sogenannten Parametern. Vor allem durch die Entwicklung der Elektronengehirne sind letztere ausschlaggebend geworden: kennt man die entscheidenden Komponenten eines Vorgangs, den man entschlüsseln will, und setzt man die Zahl der zu beurteilenden Einzelfälle hoch genug an, so daß sich praktisch ihr Verhältnis zur Einzeltatsache wie eins zu unendlich ergibt, dann kann man für Vorgänge und Planungen Voraussagen machen, die den Wunschtraum der kühnsten mechanischen Deterministen bei weitem übertreffen.

Diese Tatsachen sind uns über die Kybernetik und Programmierung allgemein geläufig. Was uns aber nicht geläufig ist, das ist die geistesgeschichtliche Implikation: sie bedeutet nicht weniger als eine Rückgängigmachung der absoluten Scheidung von exoterischem und esoterischem Wissen, die seit dem Ende der pythagoräischen Schule das Abendland zerrissen hat.

Die Unterscheidung von exoterisch und esoterisch stammt von Pythagoras; laut Angabe der zeitgenössischen Schriftsteller bestimmte sie den Unterschied zwischen dem inneren Kreis der Schüler, die das Wissen tatsächlich besaßen, und dem äußeren, exoterischen Kreis, der sich zwar für die Lehre des Pythagoras interessierte, doch nicht am Leben des Bundes teilnahm. Diese Bestimmung trifft aber nicht den Kern der Sache, sondern nur die äußeren Umstände; vieles, was man über die eigentliche Lehre des Pythagoras schrieb, hat sich inzwischen als Fälschung, wenn nicht sogar als bewußte Irreführung herausgestellt.

Dank dem Werk des Freiherrn von Thimus im vorigen Jahrhundert und seines kürzlich verstorbenen Schülers Hans Kayser ist es uns heute möglich, die ursprüngliche Bedeutung der Unterscheidung zu klären. Um sie in einem Schlagwort vorwegzunehmen: exoterisch bedeutete für die Pythagoräer die quantitative Erklärung der mannigfaltigen Naturphänomene, also die Erklärung der Qualität durch die Quantität; mit anderen Worten: die Rückführung der Wirklichkeit auf mathematisch bestimmbare Elemente und Gesetze. Hierin hat sich zwischen Pythagoras und der heutigen wissenschaftlichen Methode nichts geändert, so daß man den Philosophen mit Recht als Begründer der mathematischen Naturwissenschaft feiert. Esoterisch hingegen hieß die Gestaltung der Qualität aus der Kenntnis der Quantität. Hier nun kommen wir in das Gebiet, welches der heutigen Wissenschaft fremd ist. Gnosis, Astrologie, Kabbalistik und Numerologie gelten schlichtweg als krasser Aberglaube; und heutige Philosophiehistoriker stimmen meistens einen bedauernden mitleidigen Ton an, wenn sie berichten, daß Pythagoras und später auch Newton und Kepler diese Gebiete durchaus ernst genommen haben.

Die Wissenschaftler sehen wegen ihrer einseitigen, auf Erkenntnis gerichteten Einstellung am Wesen der Sache vorbei: bei allen esoterischen und okkulten Gebieten handelt es sich überhaupt nicht um Erkenntnisweisen im naturwissenschaftlichen Sinn, sondern um Gestaltungsmethoden; um den Versuch, die mannigfaltige Welt der Wirklichkeit über die

Kunst zu vermenschlichen. Persönlich gestalten kann man nur das, was sich selbst als Einheit begreifen oder in eine solche verwandeln läßt, als welche sich der schöpferische Mensch erlebt. Somit handelt es sich bei der esoterischen Lehre des Pythagoras nicht um wertfreie Wissenschaft, sondern um eine denkerische Methode, wie der Mensch durch Kenntnis der vereinigenden Gesetze der Wirklichkeit zu einer persönlichen Gestaltung kommen kann, welche Gestaltung auch ihn gleichzeitig aus einer Vielheit in eine Einheit verwandelt, wie es die frühen mystischen Religionen auf dem Meditationsweg anstrebten.

Die Zahl eins bildet nicht nur das Symbol, sondern auch das Wesen der Einheit. Wie steht es nun mit anderen Zahlen, mit drei, vier, fünf, oder gar mit den Brüchen wie $^1/_2$? Und wie steht es mit der Nichtzahl, der Null als Ursprung aller Zahlen? Auch sie gilt es zu begreifen, wenn der Vorgang der creatio ex nihilo, das Schaffen eines Kunstwerkes aus dem Nichts oder Noch-Nicht besprochen werden soll. Hier fand nun Pythagoras auf archaische Weise zu einem Ansatz, der erst durch den schon erwähnten Philosophen Gottlob Frege um 1890 wissenschaftlich endgültig geklärt wurde: er betrachtete die Grundzahlen von eins bis zehn, denen er seine Hauptaufmerksamkeit schenkte, als Prinzipien oder Klassen. So ist „drei“ nicht als Eigenschaftswort zu betrachten, das etwa eine Eigenschaft von Äpfeln beschreibt „drei Äpfel liegen auf dem Tisch“, sondern ein Prinzip. Heute, nach Kenntnis der dreiwertigen Logik, würden wir sagen ein „Erzeugungsprinzip“. Frege hätte es folgendermaßen formuliert: drei ist die Klasse aller der Dinge, die drei Bestandteile haben. Darunter fallen aber nicht nur drei Äpfel, sondern auch die christliche Dreieinigkeit und Gleichungen, deren Ergebnis drei ist, wie 27 dividiert durch 9.

Heute sucht man die Grundlage der Mathematik auf euklidische Weise in einem Axiom, also einem Satz. Ein Satz jedoch ist eine Vielheit, da er aus Worten besteht; Pythagoras suchte daher umgekehrt die Axiome und Formeln, Arithmetik und Geometrie aus einem Schema des Dezimalsystems abzuleiten, welches Plato in verschlüsselter Form in seinem Dialog Timaios als das „Chi“ bezeichnete, mittels dessen der Demiurg die Schöpfung wirke.

Nur in der Zahl läßt sich die Einheit des Bewußtseins verstehen. Wenn nun Zahlen Träger des Gestaltungsprozesses oder der Schöpfung sind, dann müssen auch alle Zahlenverhältnisse arithmetisch und geometrisch aufeinander abzustimmen sein. Hier kommt es aber zu Inkommensurabilitäten: Geometrie und Arithmetik lassen sich nicht immer ineinander überführen. Schon der pythagoräische Lehrsatz führt zu irrationalen Zahlen: im rechtwinkligen gleichschenkligen Dreieck ist die Summe der Kathetenquadrate zwei, also die Länge der Hypothenuse $\sqrt{2}$; ein Wert, der sich wohl geometrisch, nicht aber arithmetisch rational bestimmen läßt.

Dieses Dilemma löste Pythagoras über die Tonwelt. Dem Altertum waren Ton und Zahl nicht getrennt; der Ton galt als der sinnlich wahrnehmbare Aspekt der Zahl, als welcher er sich als einziger unter den Sinnesdaten eindeutig bestimmen läßt; bei den Obertönen erklingt z. B. die Hälfte einer Saite als Oktave, zwei Drittel als Quinte, drei Viertel als Quarte, vier Fünftel als große Terz und fünf Sechstel als kleine Terz; die Schwingungswerte verhalten sich reziprok zu den Längen; die halbe Saite entspricht der doppelten Schwingung und so fort. Alle diese Verhältnisse lassen sich im sogenannten Lambdoma, dem unteren Feld des pythagoräischen Chi ablesen.

Auch die Tonwelt führt aber zu Dilemmen, die Pythagoras selbst feststellte. Ihre Lösung fand er in der temperierten Stimmung des Quintenzirkels, die auf der geometrischen Teilung der Oktave in zwölf Halbtöne beruht, wie sie heute wieder bei unseren Klavieren üblich ist; der Pythagoräer Aristoxenos erwähnte sie das erste Mal schriftlich. Und zweitens im Begriff der Toleranz: Tonwerte treten zueinander in Resonanz im Rahmen einer gewissen Schwingungsbreite. Nur die Oktave, also der Einklang, zeigt keine Toleranz; bei den folgenden Intervallen nimmt sie progressiv zu und erreicht im Halbtonschritt die größte Breite.

Im temperierten Tonkreis lassen sich die vier Zahlenverhältnisse 1 : 2 : 3 : 4 miteinander harmonisieren, in Beziehung setzen. Diese vier Zahlen waren für Pythagoras gleichzeitig der geheiligte „Tetraktys“, da ihre Summe zehn ergibt. So kam er zur Vereinigung von Dezimalsystem und Duodezimalsystem als Grundprinzip des Erkennens und des Gestaltens, wie es auch heute noch die Grundlage unserer Rechnung von Raum und Zeit bildet. Hierzu trat die Siebentonleiter als Weg, den gleichen Zustand auf höherer oder niederer Ebene über sieben Schritte zu erreichen: sie entstand durch Aneinanderreihung von sieben Quintenschritten.

Was immer sich dem Kreis der zwölf Töne eingliedern läßt, kann auf die Eins als Erzeugungsprinzip zurückgeführt und

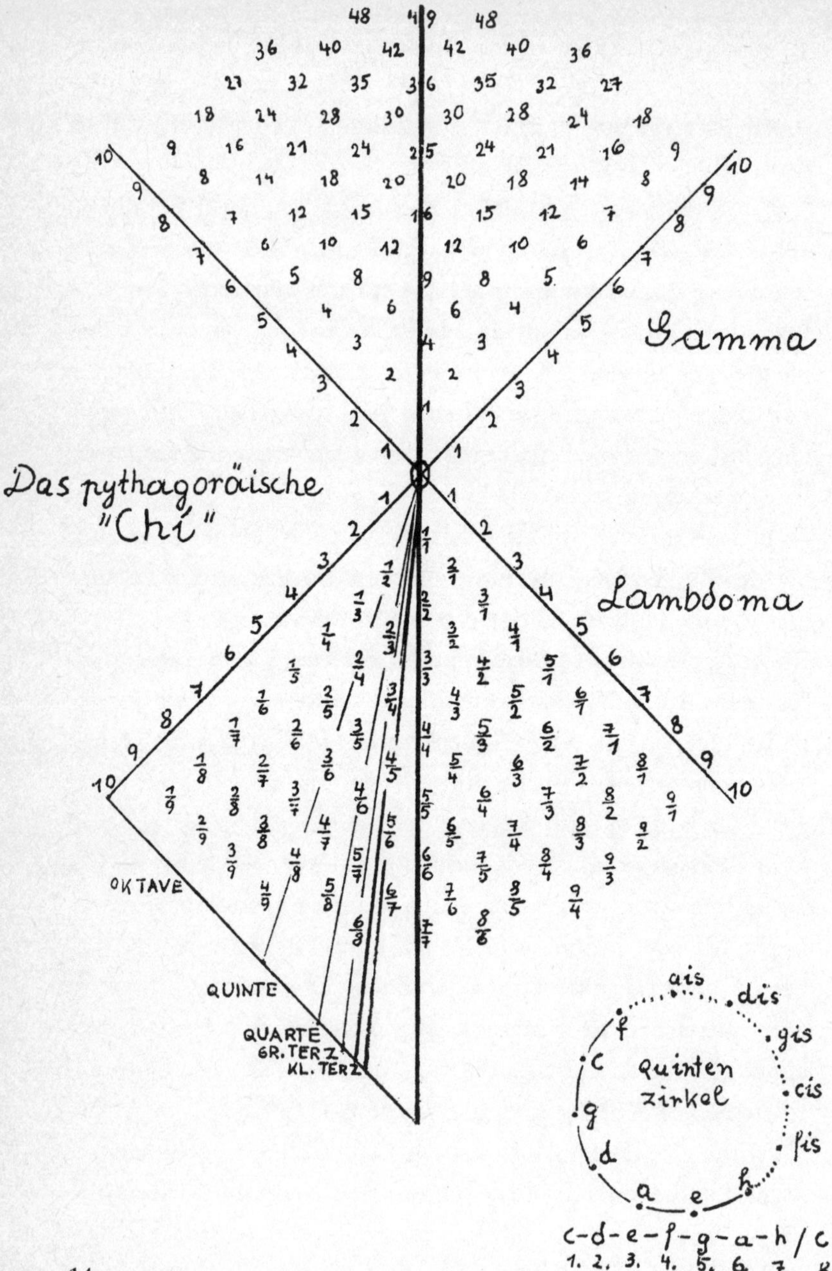
Gamma
Das pythagoräische "Chí"
Lambdoma
OKTAVE
QUINTE
QUARTE
GR. TERZ
KL. TERZ
Quinten zirkel
ais
dis
gis
cis
fis
h
e
a
d
g
c
f
c-d-e-f-g-a-h / c
1. 2. 3. 4. 5. 6. 7. 8.

damit vom Menschen als Einheit gestaltet werden. Architektonisch vereint eine Figur des Zwölferkreises, die sich aus dem Chi konstruieren läßt, Dreieck, Viereck und Kreis, aus denen später alle gotischen Bauten gedanklich konzipiert wurden. Mathematisch entstehen alle Formeln und Axiome aus den ersten zehn Zahlen und der Null; astronomisch läßt sich die Bahn von Sonne und Planeten im Tierkreis in Analogie zum Tonkreis bringen: laut Pythagoras bilden sie die Harmonie der Sphären. Damit wurde das pythagoräische System zum Kanon der Kunst im weitesten Sinn, von der Architektur und Musik bis zur astrologischen Lebensplanung und Regierungsplanung; was immer dem Schema einzuordnen war, ließ sich vom Menschen zur Einheit gestalten; doch nur dann, falls er das Streben hatte und auch zeigte, selbst zu seiner Integration — heute würden wir sagen Individuation — zu gelangen.

Doch hierzu ist der persönliche Entschluß notwendig. Die exoterische Wissenschaft kann von Menschen jedweder Anlage betrieben werden. Sie war immer schon, wie es Max Weber formuliert hat, der Intention nach wertfrei. Nicht aber diejenige Kunst, die es unternahm, nach psychischer Integration zu streben: sie setzt beim Künstler selbst dieses Streben voraus. Daher war der Zugang zum esoterischen Studium von strengen Prüfungen und Bewährungen abhängig, die den Ernst der Bemühung deutlich machen sollten; so mußten in der pythagoräischen Schule die Adepten sieben Jahre schweigend zuhören, bevor sie im esoterischen Kreis Aufnahme finden konnten.

Die pythagoräischen Zahlen entsprechen weniger den mythischen Zahlenkategorien der chinesischen Philosophie — obwohl dort die gleiche Intention vorlag — als vielmehr den Parametern und Konstanten der modernen Naturwissenschaft, die sich auch heute aus dem pythagoräischen Chi schlüssig ableiten lassen. Doch gibt es einen wesentlichen Unterschied: nicht nur zur Beherrschung der Natur, sondern auch zur Erreichung der Integration des Bewußtseins, der inneren Einheit, sollte das Studium der Zahlen dienen. Dies kommt nun noch viel stärker zum Ausdruck in der neuplatonischen Renaissance des pythagoräischen Bundes im hellenistischen Alexandria, und vor allem in der von ihr inspirierten christlichen Gnosis des zweiten bis fünften Jahrhunderts.

Ziel der pythagoräischen Lehre war die Erringung eines neuen Bewußtseins; heute würden wir sagen der Vollzug der biologisch-geistigen Mutation, dank welcher der Mensch sowohl zum Herrn der Natur als auch zum Herrn seiner selbst, seiner Triebhaftigkeit aufsteigen kann. Die ersten Kirchenväter und christlichen Gnostiker, vor allem Clemens von Alexandria, faßten Christus selbst als Vorbild dieser Mutation auf: im Menschensohn hat sich der Weltengott offenbart, auf daß der Mensch ein geschichtliches Vorbild in Fleisch und Blut vor sich habe, dessen Zustand dereinst die ganze Menschheit erreichen soll. So waren die esoterischen Lehren — zum Pythagoräismus hatten sich inzwischen die neuplatonische Mystik mit ihren Meditationswegen, die jüdische Kabbala, die ägyptische Alchimie und die ptolemäische Astrologie gesellt — in der christlichen Gnosis vereint. Die Fassung der Evangelien zeigt auf Schritt und Tritt die Spuren astraler Vorstellungen — so die Zuordnung der Evangelien zu den Tierkreissymbolen Stier, Löwe, Adler und Mensch. Eine alchimistische Tradition zeigt sich im Christuswort: wer nicht wiedergeboren wird aus Wasser und Geist, kann niemals das Himmelreich erlangen; die neuplatonische Kabbalistik schließlich kommt im Anfang des Johannes-Evangeliums mit seiner Betonung der Göttlichkeit des Wortes zum Ausdruck.

Dieser christliche Weg der Erkenntnis — Gnosis entspricht nicht nur etymologisch, sondern auch bedeutungsmäßig der indischen „Gnana“ — wurde nun von der Großkirche mit ihrer legalistischen Auffassung verdrängt. Anstelle des Mystagogen und der subjektiven Wandlung als Weg trat das geweihte Priesteramt der Kirche; anstelle der Erkenntnis trat schon mit Tertullian der blinde Glaube, und anstelle der Erwartung des vollendeten Endzeitmenschen die juristische These, daß Christus mit seinem Opfertod die Ungehorsamkeit des ersten Menschen, also die Erbsünde, für alle, die an ihn glauben, gesühnt hat. Damit wurde die gnostische Bewegung vor allem im römisch westlichen Bereich verdrängt und verdammt. Nur an zwei Orten erhielt sie sich in neuplatonischer Prägung: im westlichen Irland, wohin die johannäischen Mönche während der Völkerwanderung geflüchtet waren, und ferner unterschwellig in Byzanz, dessen Theologie zwar auch die Gnosis verdammt hatte, doch den Neuplatonismus in Form der Lehre des Dionysos Aeropagita gelten ließ.

Von diesen beiden Polen aus geschah nun die entscheidende Tat, welche die lebendige esoterische Tradition über das Mittelalter in die Neuzeit zu retten vermochte: während Westeuropa ganz dem römischen Christentum zufiel, wurde in *Böhmen* sowohl von irischer Seite, als auch von Byzanz über Cyrill und Methodius eine Synthese des alten astralkosmisch orientierten slawischen Volksglaubens und der neuplatonischen Theologie geschaffen. Damit trat eine neue Komponente in die europäische Geschichte, deren Bedeutung erst unserer Zeit in ihrer Tiefe klarzuwerden beginnt. Die drei europäischen Kulturkreise: der mittelmeerisch lateinisch-griechische, der westlich und nördlich germanische und der östlich slawische fanden einen verschiedenen Weg zur christlichen Bekehrung. Im Mittelmeerraum war das mythische Denken der Antike durch das logische der Vorsokratiker und der klassischen griechischen Philosophie abgelöst worden, das sich zu ihm in Gegensatz wußte. Die alexandrinischen Theosophen versuchten aus dem logischen Bereich eine Brücke zur Transzendenz zu schlagen; doch die tragende Rolle erhielt, wie schon geschildert, das legalistische Christentum von Byzanz, das die esoterischen Bewegungen und die Philosophie in den Untergrund verbannte. Im Vordergrund stand die Vorstellung einer religiösen Rechtsgemeinschaft zwischen Mensch und Gott, die durch Adams Ungehorsam zerstört und durch Christi Opfertod für die Gläubigen wieder hergestellt wurde. Im germanischen Bereich dagegen war das Christentum als Überhöhung des Mythos gekommen, als mythische Herrschaftsablösung: wie bei den Griechen der Kronos den Uranos entthronte, und Zeus wiederum den Kronos, ebenso erwies sich der christliche Gott stärker als die germanischen, deren Herrschaftsende damit schlüssig bewiesen wurde. Der Übergang vom mythischen zum logischen Denken vollzog sich ohne Abfall in die Skepsis im Rahmen der Theologie und Scholastik. Im slawischen Bereich nun, vor allem in Böhmen,

herrschte eine ganz anders geartete Weltanschauung: hier war das allgemein asiatische astralmythische Vorstellungsmodell noch wirksam, das im Unterschied zur griechischen und germanischen Mythologie niemals einen Bruch zur Transzendenz erlebt hatte; und in dieses Weltbild ordnete sich die alexandrinische gnostische Interpretation des Christentums ohne Schwierigkeiten ein. Das alte und neue Testament sind bekanntlich voll der astralen Symbole, und die Praxis der Missionierung bezog seit jeher so weit als möglich Elemente des Volksglaubens in den neuen Kultus ein.
So fanden in Böhmen die esoterischen Traditionen eine willige Aufnahme und gegen Ende des vierzehnten Jahrhunderts, zur Zeit Wenzels des Vierten, trat die astrologische Weltanschauung klar an die Öffentlichkeit, da sie sowohl den Glauben als auch das Denken befriedigte. Damit entstand die seit der Antike erste ganzheitliche ungebrochene Kultur am Prager Hof der Přemysliden und der Luxemburger, die bis zum Ende der Herrschaft Rudolf II. Prag zum geistig kulturellen Mittelpunkt Europas werden ließ.
Zwei mittelalterliche deutsche Denker waren mit für diese Entwicklung von entscheidender Bedeutung: die Dominikaner Albertus Magnus und Meister Eckhart. Albert dem Großen war es gelungen, nicht nur die christliche, sondern auch die neuplatonische und arabische esoterische Tradition in sein Weltbild einzubauen, wobei er Alchimie und Astrologie im gleichen Maße in seiner Summe berücksichtigte, wie die scholastische Theologie. Und während seine Lehre im Westen und Süden durch die seines brillianten Schülers Thomas von Aquin verdrängt wurde, blieb sie im Norden und Osten von entscheidender Bedeutung für die Formung

des gotischen Weltbildes. Seinem anderen berühmten Schüler, Meister Eckhart, der lange Jahre in Prag als Ordensprovinzial gewirkt hat, gelang die entscheidende Formulierung, mit der die esoterische Tradition eine neue Richtung erhielt: über Albert hinausgehend bestimmte er die Erlösung des Menschen als bewußte Teilhabe an der Schöpferkraft der Dreieinigkeit im Gegensatz zur traditionellen Kontemplation. Hören wir ihn selbst im wesentlichsten Abschnitt einer seiner Predigten:

„Spricht die Seele, als Braut im Hohenliede: ‚Ich habe nun den Kreis der Welt umlaufen und konnte ihn doch nie zu Ende kommen. Darum habe ich mich in den einigen Mittelpunkt geworfen, denn der hat mir's angetan mit seinem Anblick.'

Der Kreis, den die liebende Seele durchlaufen hat, ist die hochwürdige Dreifaltigkeit und alles, was sie geschaffen hat in Zeit und Ewigkeit. Das zusammen heißt mit Recht ein Kreis. Denn in alle Geschöpfe, und besonders in die mit Vernunft und Rede begabte Seele, haben die göttlichen Personen ihr Eigenbild geprägt. So ist also die heilige Dreifaltigkeit aller Dinge Ursprung: Und alle Dinge stehen danach, wieder heimzugelangen in ihren Ursprung. Das ist also der Kreis. Und durchlaufen hat die Seele den mit ihren Gedanken, wenn ihr aufgeht: diese ganze erschaffene Welt — tausendmal mehr könnte Gott erschaffen, wenn er nur wollte! Und doch kann sie an kein Ende kommen: Das Allergeringste, das er je erschuf, mit dem kann sie nicht zu Ende kommen, noch es ergründen in seiner Herrlichkeit. Wenn sie so den Kreis eifrig durchläuft und ihn doch nicht zu schließen vermag, dann wirft sie sich in seinen Mittelpunkt. Dieser Mittelpunkt ist das Schöpfungsvermögen der Heiligen Dreifaltigkeit, kraft welches die drei selber unbewegt alle ihre Werke vollbracht haben. In ihm wird nun auch der Seele schöpferisches Allvermögen zuteil. Denn die Dreifaltigkeit ist zugleich die Welt, weil alle Geschöpfe in ihr angelegt sind. Und zwar sind die drei nur ein einziges schöpferisches Vermögen. Dies ist der unbewegliche Punkt, dies die Einheit in der Dreifaltigkeit. Von innen, in der Gottheit genommen, ist sowohl das Wirkende wie das Werk veränderungslos. In diesem Punkte durchläuft Gott Veränderung ohne Anderheit und schließt sich mit ihm zusammen zur Wesenseinheit. Wenn auch die Seele hingegen eins wird mit diesem unbeweglichen Punkte, so trägt sie mit ihm der Welt Schöpfermöglichkeit in sich."

Heute sind wir in der Geistesgeschichte gewohnt, den entscheidenden Schritt der Erkenntnis von der schöpferischen oder unendlichen Natur des menschlichen Wesens dem Philosophen Ludwig Feuerbach zuzuschreiben, der im Gegensatz zur idealistischen Tradition die unendliche Produktivität als Wesenskennzeichen des Menschen bezeichnete, welche dieser fälschlich außer sich in die Transzendenz der Gottheit projiziert habe. Feuerbachs Gedanke war jedoch nur ein später und einseitig polemisch formulierter Nachvollzug derjenigen Wandlung, die Meister Eckhart im religiösen Denken im Einklang mit der mittelalterlichen Freigeistbewegung durchgeführt hatte und die folgendes Ergebnis zeitigte: wenn der Mensch als Eigenschöpfer die Gottähnlichkeit erreicht, dann gilt es die Wege der Gestaltung bis ins einzelne nachzuzeichnen und zu bestimmen.

Ähnliche Gedanken bewegten die Florentiner Humanisten

wie Pico della Mirandola und auch später Albrecht Dürer; erinnern wir uns an seinen Ausspruch: wenn ein Künstler die schöpferischen Grundideen, von denen Platon sprach, wirklich besäße — also in neuplatonischer Fassung die „rationes seminales“ — dann könnte er Kunstwerk auf Kunstwerk gestalten, ohne je seinen Quell zu erschöpfen. Dürer suchte viele Jahre erfolglos nach Menschen, welche dies Wissen besäßen; schließlich versuchte er es in seiner Lehre von den Grundproportionen selbst zu erstellen. Doch in Nürnberg war das esoterische Gedankengut damals noch zu wenig mit dem theologisch philosophischen Denken amalgamiert, als daß es zu einer bleibenden Wirkung hätte gelangen können. Anders stand es im Prag des ausgehenden 16. Jahrhunderts. Hier wurde unter der Schirmherrschaft Kaiser Rudolf II. bewußt eine neue Synthese der gnostischen Wege in künstlerischem Geist versucht und auch durchgeführt.

Meister Eckhart hatte erklärt, daß der Mensch als gestaltendes, als schöpferisches Wesen die echte Teilhabe an der Dreieinigkeit erreicht. Doch wie ließe sich dies Postulat erfüllen? Hierzu müssen wir das Anliegen und die Methodik der gnostischen Wege erhellen.

Im 19. Jahrhundert war man gewohnt, diese Richtungen als Charlatanerie abzutun und die Lösung der Chemie aus der Alchimie, der Astronomie aus der Astrologie, und der Altphilologie aus der Theologie und Kabbalistik als unbedingten Fortschritt zu feiern. Mit der Entdeckung der Tiefenpsychologie hat sich die Auffassung radikal gewandelt; in den esoterischen Bewegungen allein ist das gesamte psychologische und medizinische Wissen seit der Antike, ja seit der Vorzeit, wenn auch in verschlüsselter Form, enthalten. Ihr Anliegen war keineswegs die bloße Goldmacherei bei den Alchimisten, die Magie bei den Kabbalisten oder der vulgärastrologische Aberglaube im heutigen Sinn: allen ging es darum, das menschliche Bewußtsein, welches als Teilhabe am göttlichen Urlicht definiert wurde, durch klare Methodik aus der Verhaftung an Triebe und Vorstellungen zu lösen. Am Hof Kaiser Rudolfs traten die Führer all dieser Bewegungen 1608 zum ersten, aber damit auch gleich zum letzten Gespräch zusammen: die Astronomen und Astrologen Tycho Brahe und Johannes Kepler, der jüdische Kabbalist Rabbi Loew, und die Alchimisten Hayek und John Dee.

Durch die Revolution des Kopernikus war das pythagoräische Weltbild wieder hergestellt und aus der falschen ptolemäischen Auffassung befreit worden. Kepler gelang es, aus der pythagoräischen Harmonik die tatsächlichen Gesetze der Umläufe zu erklären und damit auch den Sinn der Astralpsychologie freizulegen: die Sonne galt in der menschlichen Psyche als Entsprechung des Wesenskerns, Träger der Kraft der Konzentration und Aufmerksamkeit. Dieser hieß es nun die verschiedenen psychischen Eigenschaften und Begabungen, wie die marsische Aggressivität und Initiative, die venusische Gestaltungskraft, die saturnische Verantwortung, die merkurische Urteilskraft, die lunare Einbildungskraft und die jupiterische Autorität dienstbar zu machen.

Rabbi Loew hatte die Tradition des Maimonides, welcher arabische Medizin und jüdische Kabbalistik in eine Synthese zu bringen trachtete, mit der lebendigen jüdischen osteuropäischen Tradition verschmolzen: das innere Wesen des Menschen sei nicht nur als Urlicht, sondern auch als das innere Wort zu verstehen. Dieses innere Wort, die Sprache, die als Quell aller Dichtung und Gestaltung aus dem Herzen kommt, gilt es durch die kabbalistische Methodik zu wecken, deren Ziel die Unterscheidung mechanischer und schöpferischer Assoziation darstellt. Gelingt dies dem Menschen, dann erst ist er eine wahre Person, ein wahrer verantwortlicher Mensch, der auch imstande ist im Gebet wirklich Gott anzusprechen. Solch ein Mensch wird eines derart persönlichen Verhältnisses zu Mitmensch und Natur fähig, daß er das Charisma des Heilers erwirbt.

Den Alchimisten ging es nicht so sehr um praktische Goldgewinnung als vielmehr um die Erringung der Urmaterie, um zum Quell der Natur und damit auch der Gestaltung vorzudringen. Der philosophische Ursprung dieser Lehre liegt in der aristotelischen Dualität von Form und Stoff: da sowohl in der christlichen als auch in der mohammedanischen Theologie Gott als Substanz dem Formprinzip zugrunde liegt, muß es auch eine Urmaterie geben: das alchimistische Gold, aus dem alle Stoffe durch Spaltung oder Vereinigung entstehen. Hieraus entstammt die Doppelbedeutung des Wortes Läuterung: nur der Mensch, der in sich zum Urquell seines Bewußtseins durch Reinigung von allen seelischen Schlacken durchstößt, kann auch die Materie in ihren Urzustand versetzen und die „Tinktur" gewinnen; das heißt dasjenige Gold, welches andere Materie wiederum in Gold verwandeln kann. Auf die psychische Ebene übertragen: nur wer zum Wesensquell, zur wahren Schöpferkraft vorgedrungen ist, kann selbst auch andere auf diesem

Weg führen und zur ganzen Persönlichkeit durch Individuation und Heilung verhelfen.
Kaiser Rudolf vertrat den Pol der kosmischen Herrschaft, die für Einklang der astralen Rhythmen, der menschlichen Tätigkeiten und der religiösen Riten sowie der künstlerischen Gestaltung als Kultur zu bürgen hatte. Dee, Kelley und Hayek legten die alchimistischen Methoden dar, Rabbi Loew die kabbalistisch-medizinische, Brahe und Kepler zeigten den harmonischen Aufbau des Kosmos. Dieses „große Treffen der Meister", wie es in der esoterischen europäischen Tradition fortan hieß, war das letzte öffentliche, wenn auch verschlüsselte Auftreten der Gnosis in Europa. Mit dem Ende der Herrschaft Rudolf II. unter der katholischen Reaktion wurden die Bewegungen wieder in den Untergrund verbannt und nach der Schlacht am weißen Berge in alle vier Winde verstreut. In diesem Ende gebaren sie die fünf esoterischen Bewegungen, die die europäische Geistesgeschichte der Neuzeit in hohem Maße beeinflußten: die Pansophen des Comenius, die Rosen- und Goldkreuzer, die Freimaurer, die Illuminaten und die jüdischen Chassidim, die ihre letzte Vollendung nach dem Baalschemtow in Polen zu Ende des 18. Jahrhunderts erleben sollten.
Die esoterischen Bewegungen blieben fortan im Untergrund. Mit Fortschreiten der Aufklärung setzten sich jedoch bei ihnen wie bei den Kirchen die rituellen Elemente immer mehr durch. Die denkerische Substanz hingegen wechselte in die Philosophie über und fand ihre stärkste und klarste Ausprägung in der rationalistischen Philosophie von Gottfried Wilhelm Leibniz.
Leibniz war durch seine Herkunft — die Familie hieß

eigentlich Lubeniecz und war wohl wendischen Ursprungs — ebenso mit der astralkosmischen Denkweise vertraut wie mit der Mathematik und den Naturwissenschaften seiner Zeit; er studierte die esoterischen Traditionen mit gleicher Gründlichkeit wie die exoterischen Wissenschaften. Durch mehrere Jahre war er Sekretär der Nürnberger Rosenkreuzer, bei denen mehrere der Prager Humanisten Zuflucht gefunden hatten, und verwaltete ihre „Arcana", ihre Geheimlehren. Gleich Descartes und auch Spinoza veröffentlichte er wenig von seinen Theorien und Entdeckungen: nur diejenigen Schlüsse, für deren Verständnis er seine Zeitgenossen reif hielt. Wären zum Beispiel seine logisch-mathematischen Schriften nicht erst um 1900 entdeckt und herausgegeben worden, so hätte, wie Bertrand Russel bemerkt, die Entwicklung der neuen mathematischen Logik 250 Jahre früher begonnen. Dennoch helfen uns die bekannten Leibnizschen Begriffskreise, die Aufnahme der Prager Esoterik in das rationalistische System zu verstehen: es sind dies die Monadenlehre, die Compossibilitas, die Reifestufen, die prästabilisierte Harmonie und die Lehre von der bestmöglichen aller Welten.

Zufolge der Monadenlehre ist die Welt nicht, wie im Newtonschen Denken, auf eherne Gesetze gegründet, sondern beruht auf dem Zusammenwirken von einzelnen Wirkursachen, den Monaden, deren Verhalten frei und unvoraussehbar, also kontingent ist. Jede dieser Monaden bildet einen raumzeitlichen Weltpunkt; doch ist sie auch als Entelechie zu verstehen, das heißt sie strebt nach einer gewissen Vollendung. Vorausbedingung ihrer Existenz ist die Compossibilitas, die Mitmöglichkeit. Im Geiste Gottes besteht eine unendliche Zahl solcher Monaden, von denen aber nur diejenigen in die Wirklichkeit eintreten können, deren Existenz im Zusammenhang mit anderen möglich ist. Hieraus bilden sich die Naturgesetze, die, ganz im Sinne der modernen Naturwissenschaft, nicht die Einzelheit, die kontingente Monade determinieren, sondern das Verhalten von Gruppen regeln; dadurch, daß sie sich als eine Anzahl bestimmen lassen, unterliegen sie dem Gesetz der entsprechenden Zahl — eine Vorwegnahme der eingangs zitierten Wahrscheinlichkeitslogik.

Jede dieser Monaden hat potentielles oder aktuelles Bewußtsein und zeigt eine gewisse Reife, welche Leibniz nach fünf Stufen gliedert:

1. confusio oder Dunkelkeit
2. cognitio clare oder Begreifen nach Merkmal
3. distinctio oder begriffliche Bestimmung
4. adequatio oder Angemessenheit
5. visio, die Schau der Urprinzipien der Schöpfung.

In der ersten Bewußtseinsstufe ist sich das Wesen nur undeutlich seiner Existenz und der Wirklichkeit bewußt; es hat sich aber bereits als Monade etabliert. In der zweiten kann es die Wirklichkeit nach allgemeinen Merkmalen unterscheiden, nach Farben und Formen, wie diese durch die Struktur seiner Sinneswahrnehmung determiniert sind. Erst in der dritten Stufe, der distinctio, erkennt es die Einzelheiten als solche und auch die anderen Monaden, es erlangt Selbst- und Weltbewußtsein.

Damit ist nur die Norm erreicht, noch nicht aber die Entwicklung beendet. In der vierten Stufe gilt es die adequatio, die Abstimmung und Harmonisierung aller Begriffe philosophisch und systematisch zu erreichen. Die Stoiker sahen in der adequatio die Voraussetzung des reinen, vernünftigen und damit freien Willens. Doch der Wille braucht noch nicht im Weltenursprung zu wurzeln. Dies geschieht erst in der fünften Stufe der visio, wenn die mathematischen Erzeugungsprinzipien der Wirklichkeit dem Menschen zum Gestaltungsgerät werden, wie es sich Albrecht Dürer mit den platonischen Ideen, den rationes seminales, ersehnt hatte. Die Reifestufen entsprechen unter anderem auch der chinesisch-konfuzianischen Lehre, die damals in Europa bekannt wurde; ebenso den alchimistischen Stufen der Läuterung; die visio ist identisch mit der Erringung des kabbalistischen inneren Worts oder dem mystischen Erreichen des Urlichtes. Aber auch die astrologische Tradition begriff Leibniz in sein System ein: sie findet sich im Begriff einer prästabilisierten Harmonie im Zusammenhang mit der Lehre der bestmöglichen aller Welten.

Uns ist die letztere Lehre vor allem durch ihre Verballhornung bei Voltaire bekannt; doch meint sie etwas viel Tieferes: jede der Monaden befindet sich in einem bestimmten Zustand der Reife. Dieser Zustand hat als Koordinaten Raum und Zeit, nämlich die gegebenen Räume und Zeiten, die parallel zueinander verlaufen. Anstelle der newtonischen absoluten Zeit verwandte Leibniz also die pythagoräisch astrologische qualitative Zeit: die Abhängigkeit der Qualität von gegebenen Räumen und Zeiten verstanden im gleichen Sinn, wie sich auch ein Ton als Wechselbeziehung von Maß und Schwingung, also Raum und Zeit begreifen läßt. Aus den Räumen und Zeiten läßt sich das jeweils mögliche, nicht aber das wirkliche Verhalten der Monaden erkennen.

Aus ihrem freien Wechselspiel in der Wirklichkeit der prästabilisierten Harmonie ergibt sich nun das bestmögliche Zusammenspiel zu einem gewissen Zeitpunkt der Geschichte der Welt und des Universums; dies ist der Sinn des mißverstandenen Satzes, daß unsere Welt die bestmögliche sei. Der Schluß ist unausweichlich, wenn die vier Prämissen der Esoterik akzeptiert werden: erstens, daß die Welt nicht nur materiell, sondern auch im Bewußtsein einen Ursprung hat, daß Gott sowohl formale als auch personale Ursache der Welt ist, die er in der Materie verwirklicht; daß zweitens jedes Wesen für seine Reifung allein verantwortlich ist und diese Bewußtwerdung das Ziel der Schöpfung bedeutet; und daß drittens eine Wechselbeziehung zwischen Quantität und Qualität besteht, so daß jede Qualität einen quantitativen Aspekt hat, andererseits aber jede echte quantitative Beziehung, vor allem von Raum und Zeit, eine qualitative Verwirklichung finden kann; und daß viertens die Erkenntnis dieses letzteren Weges, — der im pythagoräischen Sinn esoterischen Methode — den Menschen zur schöpferischen Gestaltungsfähigkeit und damit zu echter Teilhabe an der Unendlichkeit und Unsterblichkeit im Sinne Meister Eckharts befreit.

Leibniz verwandte in seinem philosophischen System nur einen Ausschnitt der gnostischen Lehre, den er reif für die Veröffentlichung hielt; vieles andere, vor allem die psychologischen Erkenntnisse, wurden weiter geheim in den esoterischen Gruppen bewahrt und überliefert. Doch auch die Leibnizsche Synthese selbst trat in den Hintergrund; teils wurde sie mißverstanden, teils seit Beginn des 19. Jahrhunderts durch den Siegeszug der kantischen Philosophie verdrängt. Gleichzeitig aber begannen mit dem Wandel der politischen Verhältnisse die esoterischen Traditionen wieder in Prag gepflegt und ausgebaut zu werden, und um die Jahrhundertwende setzte es sich eine Gruppe zur Aufgabe, ihren Wahrheitsgehalt endgültig zu klären. Ihr bedeutendster Vertreter war Gustav Meyrink: ihm gelang es, in seinem Werk den Kern dieser Lehren von falschem Beiwerk zu befreien und damit das verborgene Wissen all denen zugänglich zu machen, die seine Schriften zu lesen verstehen.

GUSTAV MEYRINK

Gustav Meyrinks Werk ist heute in unverdiente Vergessenheit geraten; zwar ist der Golem in einer Volksausgabe wieder aufgelegt, doch die mindestens ebenso wesentlichen Schriften — „Das grüne Gesicht", „Der weiße Dominikaner", und „Der Engel vom westlichen Fenster" — werden als Ausgeburten einer mystischen und eklektischen Phantasie ohne objektiven Wert beurteilt; vor allem von denjenigen Schriftstellern, die behaupten, die historischen esoterischen Traditionen zu kennen und zu interpretieren.
Dieses Urteil könnte gar nicht irriger ausfallen, da es das Wesen der esoterischen Literatur verkennt: Gustav Meyrink war der einzige Schriftsteller, der das esoterische Wissen ohne bewußte Irreführung dargestellt hat — aus der Überlegung heraus, daß es heute gar nicht mehr mißverstanden werden kann; wer reif ist, sein Werk zu begreifen, findet in ihm seinen Weg, und wem es innerlich nichts bedeutet, der spürt doch wenigstens die große schriftstellerische Begabung; zumindest aber verbringt er mit der Lektüre angenehme Stunden, wie es die immensen Auflagen beweisen, die das Werk bis Ende der Zwanzigerjahre erlebte.

Jedes der Bücher war einem besonderen traditionellen Weg gewidmet: der „Golem“ dem kabbalistischen, der „Engel vom westlichen Fenster“ dem esoterisch-christlichen, und das „Grüne Gesicht“ mit dem „Umstellen der Lichter“ dem mystischen Weg. Die vielen Erzählungen aus „Des deutschen Spießers Wunderhorn“ zeigten die dämonische Hintergründigkeit des alltäglichen Daseins auf, die kurz nach dem Tode Meyrinks 1932 im deutschen Nationalsozialismus zum Ausbruch kommen sollte. Doch sein eigener gnostischer Weg — der alle vier traditionellen Richtungen umfaßte— ist in der kleinen Schrift des „Uhrmachers“ geschildert.
Diese Novelle wurde, abgesehen von einer zufälligen Aufnahme in einer Prosa-Anthologie in den Zwanzigerjahren, nur einem kleinen Kreis von Interessierten in Prag über Herbert Fritsche nach dem Tode Meyrinks zugänglich gemacht; sie ist längst vergriffen und heute praktisch unbekannt; in keinem Verzeichnis der Schriften ist sie aufgeführt. Ich erhielt durch einen seltsamen „Zufall“ eine Abschrift des vielleicht letzten in Prag befindlichen Exemplars dieser Ausgabe.
Im Zeichen der Zeit eines Papstes, der sich das Wappen des weißen Dominikaners — flos florum — zum Sinnspruch erkoren hat, die entsprechende Aufgabe der Vereinigung der christlichen Bekenntnisse anstrebt, und den Kontakt mit den anderen Religionen und den freien esoterischen Gemeinschaften pflegen will, scheint es angebracht, diese Schrift der Vergessenheit zu entreißen und die ihr zugrunde liegende Metaphysik zu klären.
Meyrink gehörte vor der Jahrhundertwende zusammen mit dem tschechischen Mystiker Weinfurter einem Kreise in Prag

zu, der sich die experimentelle Ergründung des Wahrheitsgehalts der esoterischen Traditionen zur Aufgabe gestellt hatte. Weinfurter schildert, wie ab eines gewissen Stadiums der Übungen die Gruppe eine echte geistige Führung aus der Wiener christlichen Esoterik erhielt. Während aber Weinfurter und seine Kollegen fortan sich dem persönlichen Heilsweg zuwandten, erblickte Gustav Meyrink sein Ziel darin, das Wissen in möglichst zugänglicher Form vor der imminenten Weltkatastrophe — wie er sie am Ende des „Grünen Gesichts" vorausahnte — darzustellen. Dies bringt uns nun aber gleich zur Kernfrage seines Werkes: was bedeutet esoterisches Wissen im Unterschied zum historisch wissenschaftlichen? Wie können wir echte Tradition von Charlatanerie unterscheiden, die sich immer in ihrem Gewand darbietet?

Die historisch wissenschaftliche Methode ist hierfür ungeeignet; keine einzige der esoterischen Schriften war unverschlüsselt; sie sind entweder bewußt unvollständig, wie etwa der Timaios des Platon, oder aber absichtlich irreführend, wie die Lebensbeschreibung des Pythagoras von Jamblichos, der an anderer Stelle sehr wohl das echte pythagoräische Wissen dargestellt hat, oder auch die neuzeitlichen alchimistischen Schriften, in denen der Kern hinter der Symbolik fast völlig verschwindet. Die historisch kritische Methode versucht fälschlich einen Weg objektiv zu ergründen, der immer an die subjektive Anstrengung des einzelnen gebunden bleiben muß: in der Gnosis ist nicht die wissenschaftliche Wahrheit, das übertragbare Wissen das Ziel, sondern eine Wandlung des Bewußtseins von der Trieb- und Weltverhaftung zur persönlichen Erleuchtung. Diese läßt sich nicht

wissenschaftlich erlernen, sondern nur existentiell erleben. Wird sie erlebt, so stellt sie allemal eine Begnadung dar; sie wird als unverdientes Glück empfunden.
Der Weg zur Erleuchtung ist nicht wissenschaftlich zu erläutern — er ist nur existentiell zu begehen. Dennoch hat er einen objektiven Untergrund: er kennt eine bestimmte Anzahl von Schritten und von Stufen; zwölf Schritte oder Abschnitte in Entsprechung zum Jahreslauf der Sonne im Tierkreis gilt es zu absolvieren, bis der unbekannte Eingang zum Heiligtum gefunden wird und der Mensch sich aus dem falschen Wissen befreit hat; und sieben Stufen hat der Aufstieg vom Nichtwissen zum Können, die eigentliche Initiation, die sich aber nicht in der Welt, sondern außerhalb von Raum und Zeit vollzieht: es gibt nur einen echten Meister des Weges, den Weltenbaumeister oder, in astrologischer Symbolik, den „kosmischen Uhrmacher", der jedem Menschen eine innere Uhr als seine höchste Bestimmung eingeprägt hat.
Die Gliederung des Weges und der Stufen ist seit altersher überliefert; in jeder Tradition sind sie in anderer Weise symbolisch verschlüsselt. Hier kommen wir nun zum Kernsatz der Esoterik: nur der einzelne Mensch selbst kann die Schritte und Stufen in seinem persönlichen Streben zum Leben erwecken; als Kategorien sind sie tot, ja absurd. Der Weg, den er dabei beschreitet, bleibt sein persönlicher Pfad zum Heil, seine Dichtung, die sich auf Grund seiner Anlage und seines Schicksals in der besonderen ihm gemäßen Form entfalten wird.
„Der Uhrmacher" schildert den persönlichen Weg, die Initiation Gustav Meyrinks. Wenn er aber persönlich bleibt,

was hätte es dann für einen Sinn, diesen Weg zu erläutern und zu erklären?
Der Weg ist bei jedem verschieden, aber die Schritte und die Stufen sind die gleichen. Zwar stellt sich deren Inhalt verschieden dar; daß sie aber zu begehen sind, und wie sie lebendig aufeinander folgen — diese Darstellung kann einem Leser helfen, sich über seinen persönlichen Weg und seine Stufen klar zu werden. Sie kann ihm also in analoger Weise den Schlüssel zeigen, wo und in welcher Weise sein eigener Weg im Trubel der Wirklichkeit anhebt.

Gustav Meyrink: DER UHRMACHER

„Die? Richten? Damit sie wieder geht?“ fragte der Antiquar erstaunt, schob seine Brille auf die Stirn und blickte mich verdutzt an; „warum wollen Sie eigentlich, daß sie wieder geht? Sie hat doch nur einen einzigen Zeiger — und keine Ziffern auf dem Weiserblatt“, setzte er hinzu, die Uhr beim grellen Schein der Lampe versonnen betrachtend, „nur Blumengesichter, Tier- und Dämonenköpfe statt der Stunden.“ Er begann zu zählen, sah mich fragend an: „Vierzehn? Man teilt den Tag doch in zwölf Teile ein. Hab' noch nie ein so seltsames Werk gesehen. Ich rate Ihnen, lassen Sie sie wie sie ist. Schon zwölf Stunden im Tag sind schwer genug zu ertragen. Von diesem Zifferblatt die richtige Zeit abzulesen? Wer gäbe sich heute die Mühe. Nur ein Narr.“

Ich wollte nicht sagen, daß ich ein Menschenleben lang ein solcher Narr gewesen war, nie eine andere Uhr besessen hatte, vielleicht deshalb sehr oft zu früh gekommen war, wo ich hätte warten sollen — und schwieg.

Der Antiquar schloß daraus, ich wolle auf meinem Wunsch beharren, sie wieder gehen zu sehen, schüttelte den Kopf, nahm ein Elfenbeinmesserchen und öffnete behutsam das edelsteinverzierte Gehäuse, darauf in Email ein Fabelwesen gemalt war, auf einer Quadriga stehend: ein Mann mit Frauenbrüsten, zwei Schlangen statt der Beine, einem Hahnenkopf und in der rechten Hand die Sonne, in der linken eine Peitsche.

„Vermutlich ein altes Familienstück“, riet der Antiquar. „Erwähnten Sie nicht vorhin, sie sei diese Nacht stehengeblieben? Um zwei Uhr? Der kleine rote Büffelkopf mit den beiden Hörnern bedeutet doch wohl die zweite Stunde?“

Ich war mir nicht bewußt, etwas derartiges gesagt zu haben, aber tatsächlich war die Uhr in der vergangenen Nacht um zwei stehen geblieben. Mag sein, ich hatte davon gesprochen, jedoch: ich konnte mich nicht erinnern, ich fühlte mich noch zu angegriffen — ich hatte um dieselbe Zeit einen schweren Herzkrampf gehabt und geglaubt, ich müsse sterben. Im Wanken meines Bewußtseins hatte ich mich noch an den Gedanken geklammert: wenn nur die Uhr nicht stehen bleibt. Im Dämmer meiner schwindenden Sinne mußte ich Herz und Uhr in den Begriffen verwechselt haben. Vielleicht denken Sterbende ähnlich. Vielleicht bleiben aus diesem Grunde so oft die Uhren in den Todesstunden ihrer Herren stehen? Wir kennen die magischen Kräfte nicht, die bisweilen einem Gedanken innewohnen.

„Es ist merkwürdig“, sagte der Antiquar nach einer Weile, hielt sein Vergrößerungsglas in die Nähe der Lampe, so daß der blendende Brennpunkt scharf auf die Uhr fiel, und wies mir eingravierte Buchstaben auf dem inneren goldenen Deckel. Ich las:

„Summa Scientia Nihil Scire.“

„Es ist merkwürdig“, wiederholte der Antiquar, „diese Uhr ist ein Werk des ‚Wahnsinnigen‘, ist in unserer Stadt gemacht worden. Ich glaube nicht zu irren. Es gibt nur sehr wenig solcher Stücke. Ich hätte nie gedacht, daß sie wirklich gehen könnte. Hab sie für Spielerei gehalten. Eine kleine Marotte von ihm, in alle seine Uhren die Devise zu schreiben: ‚Höchstes Wissen, nichts zu wissen‘.“

Ich begriff nicht recht, was er meinte; wer mochte der „Wahnsinnige“ sein, von dem er sprach? Die Uhr war sehr alt, sie stammte von meinem Großvater, aber was der Antiquar soeben gesagt, hatte doch geklungen, als lebe der „Wahnsinnige“, aus dessen Hand sie hervorgegangen sein sollte, noch heute!

Ehe ich fragen konnte, sah ich im Geiste — deutlicher und schärfer, als ginge er durchs Zimmer — einen Mann durch eine Winterlandschaft schreiten, einen schlanken hochgewachsenen Greis, ohne Hut, mit vollem, im Winde wehenden schneeweißem Haar, der Kopf sonderbar klein in Kontrast zu der ragenden Gestalt, das scharfgeschnittene Gesicht bartlos, die Augen schwarz, fanatisch blickend und dicht beieinander stehend, wie die eines Raubvogels. In einem langen, verschabten, verschossenen Mantel aus Samt, wie ihn einst die Nürnberger Patrizier trugen, schritt er einher.

„Ganz recht“, murmelte der Antiquar und nickte zerstreut, „ganz recht, der ‚Wahnsinnige‘.“

Warum sagt er „ganz recht?“ dachte ich bei mir. „Es ist ein Zufall“, wußte ich sofort; „leere Worte sind's, nichts weiter. Ich habe doch den Mund garnicht aufgetan. Er hat dies ‚ganz recht‘ nur gebraucht, wie es so oft geschieht, wenn man einen soeben gesprochenen Satz bekräftigen will; es hat keinen Bezug auf den alten Mann, den ich als Erinnerungsbild gesehen habe, keinen Bezug auf den — ‚Wahnsinnigen'! Als ich, ein kleiner Junge damals noch, in die Schule ging, immer mußte ich an einer langen, kahlen, mannshohen Mauer vorbei, die einen Park von Ulmen umschloß, Jahre hindurch, Tag für Tag war mein Gehen zum Laufen geworden, wenn mich der Weg daran entlang führte, denn jedesmal packte mich eine unbestimmte Furcht. Vielleicht — ich weiß es heute nicht mehr — weil ich mir einbildete — oder gehört hatte — ein Wahnsinniger hause darin, ein Uhrmacher, der behauptete, Uhren seien lebendige Wesen ... oder irrte ich mich? Wäre es eine Erinnerung an ein Erlebnis aus meiner Schulzeit, wie konnte es sein, daß etwas, was ich wohl tausendmal gefühlt, bis zum heutigen Tag in meinem Gedächtnis schlummernd gelegen hatte, um jetzt erst mit solcher Lebendigkeit aufzubrechen? ... Freilich, wohl vierzig Jahre waren seitdem vergangen; aber gab das eine Erklärung?"

„Vielleicht habe ich es in der Zeit erlebt, die meine Uhr mehr zeigt als eine gewöhnliche!" sagte ich belustigt.

Der Antiquar blickte befremdet auf und starrte mich verständnislos an.

Ich grübelte weiter und kam zur Gewißheit: die Mauer, die den Park umschließt, steht heute noch. Wem hätte daran gelegen sein können, sie einzureißen? Damals hat's doch geheißen, sie sei die Grundmauer einer Kirche, die später zu Ende gebaut werden sollte. So etwas zerstört man nicht! Vielleicht lebte auch der Uhrmacher noch? Sicherlich würde er meine Uhr, die ich so liebte, wieder richten können. Wenn ich nur wüßte, wann und wo ich ihm begegnet war? Es konnte vor kurzer Zeit unmöglich gewesen sein, denn jetzt war Sommer, und in der Erinnerung — soeben — hatte ich sein Bild in Winterlandschaft im Geiste gesehen! Zu tief in Gedanken versunken, als daß ich der langen Erzählung hätte folgen können, in der sich, mit einem Male redselig geworden, der Antiquar erging, vernahm ich nur in Pausen einige abgerissene Sätze. Sie rauschten auf mich zu, verstummten und kamen wieder, wie brandende Wellen; dazwischen das Sausen in den Ohren; das Brausen des Blutes, das der alternde Mensch vernimmt, wenn er lauscht, und nur im Lärm des Tages vergißt; — das unablässige, drohende, ferne Sausen des aus den Schlünden der Zeit her langsam sich nähernden Geiers ‚Tod' . . .

Ich wußte kaum: war er's, der da, die Uhr in der Hand, zu mir sprach, oder war's der Mund jenes Wesens in mir, das zuweilen aufwacht in einem einsamen Herzen, wenn man an die verschlossenen Schreine rührt, die vergessene Erinnerungen heimlich behüten, damit sie nicht zu Moder verfallen? Manchmal ertappte ich mich dabei, wie ich dem Antiquar zunickte und dann wußte ich: er hat etwas gesagt, was mir bekannt gewesen war, aber wollte ich mir die Worte überlegen, so gelang es mir nicht, sie glitten nicht, wie sonst gesprochene Worte tun, in nahe Vergangenheit hinab, aus der ich sie zurückfangen und mit dem Verstehen hätte betasten können — nein, sie erstarrten zu leblosen Gestalten, dem Ohr fremd und unfaßbar, kaum, daß ihr Klang erloschen war; ich begriff ihren Sinn nicht mehr; sie hatten sich aus dem Reiche der Zeit in das Reich des Rau-

mes verirrt und umstanden mich als tote Masken.
„Wenn doch die Uhr wieder gehen wollte!" sagte ich laut in meiner Qual mitten hinein in die Rede des Händlers. Ich hatte damit mein Herz gemeint, denn ich fühlte, es wollte vergessen zu schlagen, und mir graute bei dem Gedanken, der Zeiger meines Lebens könnte plötzlich stehen bleiben vor einer phantastischen Blume, dem Gesicht eines Tieres oder eines Dämonen, wie der Weiser auf jenem Zifferblatt mit den vierzehn Stunden. Ewig gebannt wäre ich in geronnener Zeit.

Der Antiquar gab mir die Uhr zurück — er glaubte wohl, ich spräche von ihr.

Als ich durch die verödeten nächtlichen Gassen schritt, geradeaus, dann kreuz und quer über schlafende Plätze und an träumenden Häusern vorbei, von blinkenden Laternen geleitet und doch meines Weges gewiß, da mußte ich denken, der Antiquar habe mir anvertraut, wo der Uhrmacher ohne Namen wohne, wo ich ihn finden würde und wo die Mauer stünde, die den Ulmenpark umschließt. Hatte er denn nicht gesagt, nur der Alte könnte meine Uhr wieder gesund machen? Woher wüßte ich es sonst: auch den Weg zu ihm mußte er mir geschildert haben, und hatte ich selbst mir ihn auch nicht gemerkt — meine Füße schienen ihn genau zu wissen: sie führten mich hinaus aus der Stadt auf die weiße Straße, die zwischen sommerhauchenden Wiesen hinein in die Unendlichkeit lief.

An meine Fersen geheftet, glitten die schwarzen Schlangen hinter mir drein, die das grelle Mondlicht aus der Erde gelockt hatte. Waren sie es, die mir die vergifteten Gedanken schickten: Du wirst ihn nimmermehr finden, er ist vor hun-

dert Jahren gestorben!
Um ihnen zu entrinnen, bog ich scharf ab nach links in einen Seitenpfad, und da tauchte auch schon mein Schatten aus dem Boden und schluckte sie in sich ein. Er ist gekommen mich zu führen, begriff ich, und es war mir eine tiefe Beruhigung, ihn so unbeirrbar und, ohne zu wanken, schreiten zu sehen; beständig blickte ich auf ihn hin, froh, des Weges nicht achten zu müssen. Allmählich kam jenes unbeschreiblich seltsame Gefühl wieder über mich, das ich als Kind gehabt, wenn ich für mich allein das Spiel spielte: mit geschlossenen Augen festen Schrittes vor mich hin zu gehen, unbekümmert, ob ich fallen würde oder nicht: — es ist wie ein Losreißen des Körpers von aller irdischen Furcht — wie ein Jauchzen des Innern, wie ein Wiederfinden des unsterblichen Ichs, das da weiß, mir kann nichts geschehen! Da ließ der Erbfeind von mir ab, den der Mensch in sich trägt: der nüchterne, kalte Verstand, und mit ihm der letzte Zweifel, ich würde den, den ich suchte, nicht finden. Dann, nach langer Wanderung, eilte mein Schatten auf einen breiten, tiefen Graben — entlang der Straße — zu, schwand hinab und ließ mich allein; ich wußte: jetzt bin ich am Ziel. Warum hätte er mich sonst verlassen!

Die Uhr in der Hand stand ich in der Stube dessen, von dem ich wußte, nur er allein kann sie wieder in Gang bringen.

Er saß vor einem kleinen Ahorntisch und blickte durch eine Lupe, die an einem Kopfband vor seinem Auge befestigt war, regungslos auf ein glitzerndes winziges Ding auf dem hellgemaserten Holz. Hinter ihm an weißer Wand — im Kreis geordnet, wie ein großes Zifferblatt — stand in verschnörkelter Schrift der Satz:

„Summa Scientia Nihil Scire."

Ich atmete tief auf: hier bin ich geborgen! ... Der Bannspruch hält alles verhaßte Denkenmüssen fern, jegliches Rechenschaftsfordern: wie bist du herein gekommen, durch die Mauer, durch den Park?

Auf einem Bord, bezogen mit rotem Samt, liegen Uhren: wohl an die hundert — aus blauem, aus grünem, aus gelbem Email — juwelengeschmückt, graviert, gerippt, glatte und geperlte, manche flach, manche bauchig wie Eier. Ich höre sie nicht: sie zirpen zu leise, aber: die Luft, die über ihnen schwebt, muß lebendig sein, von dem unmerklichen Geräusch das sie erzeugen —. Vielleicht rast dort der Sturm eines Zwergenreichs.

Auf einem Postament steht ein kleiner Felsen aus fleischfarbenem Feldspat, geädert, bunte Blumen aus Halbedelstein wachsen daraus: mitten unter ihnen, als plane er nichts Böses, wartet der Knochenmann mit der Sense, sie abzumähen: eine „Tödleinsuhr" aus romantischem Mittelalter. Wenn er mäht, dann schlägt er mit dem Griff seiner Sense auf die feine Glasglocke, die neben ihm steht, halb Seifenblase, halb wie der Hut eines großen Märchenpilzes. Das

Weiserblatt darunter ist der Eingang zu einer Höhle, darin Zahnräder starren.

Bis hinauf zur Decke des Zimmers, links und rechts sind die Wände mit Uhren behängt, mit Uhren: alte mit stolzen ziselierten Gesichtern, kostbar und reich, gelassen die Perpendikel schwingend, predigen sie mit tiefem Baß ihr ruhevolles Tack-Tack.

In der Ecke eine in gläsernem Sarg, ein aufrechtstehendes Schneewittchen, tut, als schliefe es, aber ein leises rhythmisches Zucken mit dem Minutenzeiger verrät, daß es die Zeit nicht aus dem Auge läßt. Andere, nervöse Rokokodämchen — das Schönheitspflästerchen als Schlüsselloch — sind mit Zierat überladen und ganz außer Atem, so trippeln sie sich ab, einander den Rang abzulaufen, und den Sekunden zuvor zu kommen. Daneben die winzigen Pagen, sie kichern dazu und hetzen: Zick-Zick, Zick.

Dann eine lange Reihe, strotzend, in Stahl, Silber und Gold — wie schwergeharnischte Ritter; sie scheinen bezecht zu sein und zu schlummern, denn bisweilen schnarchen sie laut auf oder rasseln mit ihren Ketten, als ob sie mit dem Gotte Kronos selbst einen Strauß auszufechten gedächten, wenn sie aus ihrem Rausch erwachen.

Auf einem Sims sägt ein Holzknecht mit Mahagonihosen und funkelnder Kupfernase die Zeit entzwei in Sägespäne... Worte des Alten rissen mich aus meiner Beschaulichkeit: „Alle sind krank gewesen, ich habe sie wieder gesund gemacht.“ Ich hatte seiner so gänzlich vergessen, daß ich zuerst glaubte, es sei das Schlagen einer der Uhren gewesen.

Die Lupe an dem Kopfband saß, emporgeschoben, jetzt an

der Mitte seiner Stirn — wie das dritte Auge des Schiwa — und ein Funke glomm darin: Widerschein der Ampel an der Decke.

Er nickte mir zu und hielt meinen Blick mit dem seinigen fest. „Ja, krank sind sie gewesen; sie haben gedacht, sie könnten ihr Schicksal ändern, wenn sie schneller gehen oder langsamer. Sie hatten ihr Glück verloren an den Dünkel, sie seien die Herren der Zeit. Ich habe sie von diesem Wahn befreit und ihnen die Ruhe ihres Lebens wiedergegeben. So mancher findet, wie du, in den Nächten des Mondes im Schlaf den Weg aus der Stadt heraus zu mir, bringt mir seine kranke Uhr, klagt und bittet, ich solle sie heilen, aber am nächsten Morgen hat er alles wieder vergessen — auch meine Arznei."

„Nur die, die den Sinn meines Wahlspruches erfassen", er deutete über die Schulter auf den Satz an der Wand, „nur die lassen die Uhren hier in meiner Obhut."

Ich ahnte dunkel: in dem Bannspruch lag noch ein Geheimnis verborgen. Ich wollte fragen, aber der Greis hob drohend die Hand: „Nicht wissen wollen! Lebendiges Wissen kommt von selbst! Dreiundzwanzig Buchstaben hat der Satz; sie stehen als Ziffern auf dem Weiserblatt der großen unsichtbaren Uhr, die eine Stunde weniger zeigt als die Uhren der Sterblichen, aus deren Rund es kein Entrinnen gibt; darum spotten die ‚Verständigen': — sieh da! der Wahnsinn! — sie höhnen, sie sehen die Warnung nicht: ‚Laß dich nicht fangen von der Kreisschlinge Zeit!' — sie lassen sich führen vom tückischen Zeiger ‚Verstand', der ewig neue Stunden verspricht und immer nur alte Enttäuschungen bringt."

Der Alte schwieg. Ich reichte ihm mit stummer Bitte meine tote Uhr hin. Er nahm sie mit seiner schönen schmalen weißen Hand und lächelte kaum merklich, als er sie geöffnet und einen Blick hinein geworfen hatte. Behutsam tastete er mit einer Nadel in das Räderwerk und nahm die Lupe wieder vor. Ich fühlte: ein gütiges Auge spähte mir ins Herz hinein.

Nachdenklich betrachtete ich sein ruhevolles Gesicht. Wie habe ich mich nur — als Kind — so vor ihm fürchten können, fragte ich mich.

Dann faßte mich ängstlicher Schrecken an: er, auf den ich doch hoffe und vertraue, ist nicht wirklich — jetzt, jetzt wird er verschwinden! Nein, zum Glück: nur das Licht der Ampel hatte geflackert und meine Augen zu täuschen versucht. Und wieder starre ich ihn an und grübelte: heute zum ersten Male habe ich ihn gesehen! Das kann nicht sein! Wir kennen uns doch seit ...? Da durchzuckte mich Erinnerung wie ein heller Blitz: niemals war ich als Schulbub an einer weißen Mauer entlang gelaufen; niemals hatte ich mich vor einem wahnsinnigen Uhrmacher gefürchtet, der hinter ihr hausen sollte; das leere, mir unverständliche Wort „wahnsinnig" wars gewesen, das mich geschreckt hatte in frühester Jugend, als man mir drohte, ich würde „es" werden, wenn ich nicht bald zu Verstand käme.

Aber, der Greis da — vor mir —, wer war es? Auch das glaubte ich zu wissen: ein Bild — ein Bild, kein Mensch! Was konnte es anderes sein! Ein Bild, das — eine Schattenknospe meiner Seele — in mir heimlich gewachsen war; ein Samenkorn, hatte es Wurzel gefangen, als ich zu Beginn meines Lebens in einem kleinen weißen Bette lag, an der

Hand gehalten von der alten Kinderfrau, und ihre eintönigen Worte in den Schlaf hinübernahm . . . ja, wie hatten sie nur gelautet? Wie hatten sie nur gelautet? . . .
Bitterkeit stieg mir in die Kehle, brennende Trauer: so war also doch alles haltloser Schein hier rings um mich! Vielleicht nur eine Minute noch und ich stehe — ein erwachter Schlafwandler — draußen im Mondlicht und muß heimwandern zu den verstandesbesessenen geschäftigen Lebenden — Toten in der Stadt!
„Gleich, gleich ist's vorüber!" hörte ich des Uhrmachers beruhigende Stimme, aber es gab mir keinen Trost; denn mein Glaube an ihn war aus meiner Brust genommen. Wie haben die Worte der Kindsfrau gelautet? — wollte, wollte, wollte ich wissen . . . Langsam, langsam tauchten sie mir auf — Silbe für Silbe:

„Bleibt in der Brust das Herz dir stehen,
bring's ihm nur;
jede Uhr
macht er wieder gehn."

„Da hat sie recht gehabt", sagte der Uhrmacher gelassen, legte die Nadel aus der Hand, und im Nu zerstoben meine düsteren Gedanken.
Er stand auf und hielt die Uhr fest an mein Ohr; ich hörte, sie ging — regelmäßig und genau im Takt mit dem Pulsschlag meines Blutes.
Ich wollte ihm danken — fand die Worte nicht, erstickt von Freude und von — Scham, an ihm gezweifelt zu haben.
„Gräm dich nicht!", tröstete er, „es war nicht deine Schuld. Hab ein kleines Rad herausgenommen und wieder eingesetzt. Uhren wie diese sind sehr empfindlich, sie vertragen

bisweilen die zweite Stunde nicht! Hier! Nimm sie wieder, aber verrate niemand, daß sie geht! Man würde dich nur verhöhnen und dir zu schaden trachten. Sie hat dir von Jugend an zu eigen gehört, und du hast an die Stunden geglaubt, die sie zeigt: vierzehn statt eins bis — Mitternacht, sieben statt sechs, Sonntag statt Werktag, Bilder statt toter Zahlen! Bleib ihr weiter treu, doch sage es niemand! Nichts dümmer, als ein eitler Märtyrer sein! Trag sie verborgen am Herzen, und in der Tasche trage eine der bürgerlichen Uhren, der staatlich geaichten, mit dem braven schwarzweißen Zifferblatt, damit du auch immer nachsehen kannst, wie spät es für die anderen ist. Und laß dich nie vergiften vom Pesthauch der ‚Zweiten Stunde'! Tödlich ist sie wie ihre elf Schwestern. Rot fängt sie an, verheißungsvoll wie Morgenrot, schnell wird sie rot wie Feuersbrunst und Blut. Die Stunde des Ochsen nennen sie die alten Völker des Ostens. Jahrhunderte versinken, und friedlich läuft sie ab: der Ochs pflügt. Aber plötzlich — über Nacht — werden die Ochsen zu brüllenden Büffeln, gehetzt vom Dämon mit dem Stierkopf, und zertrampeln in blinder, viehischer Wut die Fluren; dann: lernen sie wieder ackern; die bürgerliche Uhr geht ihren alten Gang, — doch den Weg aus dem Bannkreis des Menschentieres weisen auch ihre Zeiger nicht. Trächtig sind alle ihre Stunden — jede mit einem anderen Ideal —, aber was zur Welt kommt, ist ein Wechselbalg.

Deine Uhr ist stehen geblieben um zwei, um die Stunde der Vernichtung; an ihr ist sie gnädig vorbeigegangen. Andere sterben daran und verirren sich ins Reich des Todes; sie hat den Weg zu mir gefunden — zu dem, aus dessen Händen sie hervorgegangen ist. Das dankt sie dir! Sie konnte

es nur, weil du sie ein Leben lang liebevoll behütet und nie Ärgernis genommen hast an ihr, daß ihre Zeit nicht die der Erde ist."
Er geleitete mich zur Tür, gab mir die Hand zum Abschied und sagte: „Vor einer Weile hast du gezweifelt, ob ich lebe. Glaube mir: ich bin lebendiger als du! Du kennst jetzt genau den Weg zu mir. Bald sehen wir uns wieder; vielleicht kann ich dich lehren, wie man kranke Uhren gesund macht. Dann" — er deutete auf seinen Wahlspruch auf seiner Wand —, „dann mag der Satz sich schließen für Dich zur Vollendung:

Nihil Scire — Omnia Posse.

Nichts mehr wissen — alles können!"

DIE METAPHYSIK DES UHRMACHERS

Die Novelle „Der Uhrmacher“, in der Gustav Meyrink seine eigene Initiation dargestellt hat, folgt genau der gnostischen Tradition. Die Erzählung bis zum Finden des Uhrmachers gliedert sich nach den zwölf Häusern des Tierkreises; daran schließt sich die siebenstufige Unterweisung im Hause des Uhrmachers.

I. Im ersten Bild — dem Haus der Person — kommt der Erzähler zum Antiquar, um seine Uhr richten zu lassen, die vierzehn anstatt zwölf Stunden mit nur einem Weiser zeigt. Die Stunden bezeichnen Doppelstunden: es handelt sich also um die 28 Zeiteinheiten der „Mondhäuser“, welche die mechanische Zeit der geistigen Entfaltung unterordnen; zu den zwölf Doppelstunden treten die vier geheiligten Momente, die im Sonnenlauf den Aequinoktien und Solstizien entsprechen: Aszendent oder Neumond, Deszendent oder Vollmond, Medium Coeli oder abnehmender Halbmond, Imum Coeli oder zunehmender Halbmond. Diese vier Mondstellungen waren das Vorbild der Einrichtung des siebten Tages, an welchem sich der babylonische König mit seiner Gemahlin auf die Spitze des Turmes zurückzog, um menschliche Fruchtbarkeit und himmlische Inspiration zu vermählen. In der Bibel galt der Sabbath als Vorgeschmack der Ewigkeit: in sechs Tagen schuf Gott die Erde, und immer schloß ein Abend und eine Nacht das Tagwerk ab; am siebten Tag ruhte Gott, und es gab keinen Abend und kein Ende der Zeit. Im Unterschied zur exoterischen Religion unterschied nun die gnostische Tradition auch im Alltag vier geheiligte Augenblicke, wo die irdische Existenz sich mit der himmlischen vereint: den Sonnenaufgang, in welchem Gott als der Quell des Bewußtseins und Wollens erlebt wird — in Entsprechung zum Neumond, wo die Eigenvorstellung ausgelöscht ist; die Mittagszeit, wo der eigene Beruf, die Macht der Stellung im Sinne des abnehmenden Mondes zum Symbol der Demut in der Berufung wird — „ich muß abnehmen, auf daß er wächst"; im Jahreslauf der Sonne entspricht dieses Mondhaus der Geburt des Erlösers zu Weihnachten; der Sonnenuntergang in Entsprechung zum Vollmond, wo es gilt, im anderen Menschen über die Liebe dessen Fülle, dessen höchste Möglichkeit zu erkennen, und damit den Egoismus zu überwinden; und schließlich die Mitternacht, in Entsprechung zum zunehmenden Mond, wo die eigenen Wünsche und Triebe sich im Traum als Vorboten der geistigen Entwicklung offenbaren.

Wer dieses Wissen besitzt, begeht höchstens den Fehler, daß er die Dinge zu früh erreichen will, anstatt zu warten. Der Antiquar, also der Verwalter der Altertümer, des irdischen Wissens, kann kein Heiler des geistigen Weges sein, dessen Uhr stehen geblieben ist. So beginnt mit der falschen Suche, der falschen Frage ein Weg, der schließlich das Heil

erreichen wird.
II. Diese Uhr trägt ein Symbol; es zeigt einen Mann mit Frauenbrüsten, also die alchimistische Vereinigung, die auf den hermetischen Weg hindeutet; der Hahnenkopf bedeutet die Notwendigkeit der steten Erinnerung an die himmlische Herkunft, so wie der Hahn den Petrus erinnerte; die zwei Schlangen als Beine weisen darauf hin, daß die Geschlechtskraft zur Energie des Weges werden soll. Die Figur steht auf einer Quadriga, auf einem Wagen, der von vier Pferden gezogen wird; die Pferde entsprechen den Triebkräften des Gemüts: im Unterschied zur scholastischen Tradition mit ihren drei Seelenkräften unterschied die Gnosis vier Funktionen in Entsprechung zu den Elementen Erde, Wasser, Luft und Feuer: das Empfinden der Sinnesdaten der Wachwelt; das Fühlen, das aus Trieben und Wünschen der Traumwelt gespeist wird; das Denken, das Wahrnehmungen des Empfindens und Triebe des Fühlens zu Vorstellungen im Medium der Sprache zusammenfügt, und als viertes das Wollen, das im Entscheiden und Handeln die verfügbare Kraft für die im Denken geklärten Ziele einsetzt. Die Unterscheidung der vier Funktionen befähigt den Menschen, die unbewußte passive Seele zu zügeln, was in der Peitsche der linken Hand ausgedrückt wird, und das bewußte geistige Handeln aus dem Wesenskern zu vollziehen, wie es die in der rechten Hand getragene Sonne verdeutlicht.
III. Ohne daß der Erzähler weiß wieso, findet der Antiquar, daß die Uhr um die zweite Stunde des Ochsen, also zwischen zwei und vier Uhr morgens im astrologischen Hause des Stieres, welches das Leben und die Sorge um

die materielle Existenz bedeutet, stehen blieb. Jener erlebte nun um diese Zeit einen Herzkrampf, und erfährt — im dritten Haus der Beziehungen — den magischen Zusammenhang zwischen dieser Uhr und seinem Herzschlag: daher der inbrünstige Wunsch, sie wieder zum Gehen zu bringen.

IV. Der Antiquar, der irdisch Wissende, kann die Uhr nicht richten; er erkennt in ihr ein Werk des „Wahnsinnigen" — also eines Wesens einer anderen Bewußtseinslage. Er sagt, er habe nie geglaubt, daß dessen Uhren auch gehen könnten. In dieser Uhr steht der gnostische Leitspruch eingraviert, daß die Summe allen Wissens das Nichtwissen ist — also im Sinne des Nirvanas der Buddhisten oder der sokratischen Weisheit.

V. Der Erzähler versteht nicht sogleich den Sinn — für sein Alltagsbewußtsein stammt diese Uhr aus seiner eigenen Vergangenheit, von seinem Großvater; nun scheint es aber, daß dieser Wahnsinnige noch heute lebt. Plötzlich erahnt er die größere Wirklichkeit — das fünfte Haus ist das Zeichen der Sonne — und erlebt den Durchbruch zur Vision.

VI. In einem Augenblick sieht er vor sich das Bild des sogenannten Wahnsinnigen, wie dieser in einer Winterlandschaft — also einem Leben jenseits der vegetativen Triebe aus geistiger Kraft — einherschreitet, mit kleinem Kopf, der unendliches Alter symbolisiert im Gegensatz zum übermäßigen Kopf des Kindes; mit den Raubvogelzügen des Visionärs, bekleidet mit dem Mantel eines alten Nürnberger Patriziers — in Nürnberg wurde bekanntlich die Taschenuhr erfunden.

VII. Der Erzähler erinnert sich nun, daß er als Kind immer davon gehört hat, der Wahnsinnige lebe hinter einer Mauer, aus welcher dereinst eine neue Kirche — also eine neue religiöse Gemeinschaftsordnung — gebaut werden wird, von der aber bisher nur die Grundmauern stehen. Eine solche Stätte, die erst in der Zukunft zur Wirkung kommen wird, könne nicht zerstört werden. Damit erkennt er das Wesen seiner Uhr: Er erlebt nicht nur in der irdischen triebhaften Zeit des Alltags, sondern auch in der anderen geistigen, die seine Uhr über die irdische Zeit mit ihren Dämonen und Blumen hinaus zeigt.

VIII. Aus diesem Zeiterleben vernimmt er nun das Brausen seines Blutes in den Ohren und erkennt, daß sich in ihm der herannahende Tod verbirgt — der langsam sich nähernde Geier; das achte Haus des Tierkreises ist das Haus des Todes. Nun spürt er das Wesen des Sterbens, in dem die Zeit zum Raum gerinnt wie die Worte des Antiquars, die nun sein Bewußtsein gleich Masken umstehen; und er fürchtet, auch der Zeiger seines Lebens möchte vor einem der schrecklichen Dämonenbilder stehen bleiben; er verläßt den Antiquar, und begibt sich auf die Suche nach dem Uhrmacher.

IX. Im Haus der Reise macht er sich auf den Weg, aus der Stadt mit ihren Laternen hinaus auf die unendliche weiße Straße zwischen den ineinander verfließenden Wiesen, die vom Mondlicht beschienen wird.

X. Doch hinter ihm auf der Straße der Unendlichkeit folgen im Haus des wachen Alltagsbewußtseins die schwarzen Schlangen, die das grelle Mondlicht aus der Erde gelockt hat — die Träger der vergifteten Gedanken; um ihnen zu entrinnen, wendet er sich scharf in einen Weg nach links, also von der bewußten weißen Straße in die Richtung des Unbewußten, der Schatten.

XI. Sein eigener Schatten wird ihm im Haus der Wünsche zum Führer, und das erstemal erlebt er nun wieder das Glück seiner Kindheit, die Geborgenheit des Mutes, da er voraus mit geschlossenen Augen schritt; ein ungeheures Glücksgefühl überkommt ihn; endgültig überwindet er den kalten nüchternen Verstand, den er als den tödlichen Erbfeind seines Wesenskernes erkennt, im Vertrauen zu seinem Schatten.

XII. In einem weiten Graben verschwindet, vom Mond geleitet, der Schatten. Der Erzähler weiß sich am Ziel, da der Schatten ihn verläßt; und ohne zu wissen, wie und auf welche Weise er hinkam, ist er nun in der Stube des Uhrmachers; die Straße ist zu Ende und die sieben Stufen beginnen.

1. Die erste Stufe bringt das Gefühl der erlösenden Geborgenheit. Der Uhrmacher sitzt in seinem Zimmer, und blickt auf ein glitzerndes Ding auf einem Holz; hinter ihm hängt an der Wand zum Kreis geordnet, die Schrift: Nihil Scire Summa Scientia. Dieser Spruch wird als Beginn des Aufstiegs erkannt.

2. Auf rotem Samt liegen Uhren der drei weiteren Grundfarben, blau, gelb und grün. Jede der Uhr-Typen entspricht einer Menschenart: die würdig gelassenen dem phlegmatischen Typus, die rokokoartigen Dämchen und Pagen dem sanguinischen, die geharnischten Ritter dem cholerischen und schließlich der Sensenmann mit den Blumen und das schlafende Schneewittchen dem melancholischen Typus. Dazu sägt ein Holzknecht mit Mahagonihosen und Kupfernase — Symbol der gestaltenden Venus — die Zeit in Sägespäne

entzwei: der Arbeiter vereint die Typen, verliert sich jedoch an seine Tätigkeit.

3. Wie bei den eleusinischen Mysterien gibt sich der Mystagoge auf der dritten Stufe als der Heiler zu erkennen: seine Lupe auf die Stirn geschoben erscheint als das dritte Auge, das das Licht der Deckenlampe funkelnd spiegelt. Alle, so sagt er, waren sie krank, bevor sie den Weg zu ihm zurückfanden. Manche heilt er im Schlaf, da sie nicht vom Alltagsbewußtsein zum geistigen Bewußtsein überwechseln können; manche, die passiv gläubigen, überlassen ihm die Uhr fortan zu treuen Händen; nur derjenige kann, wie sich in weiterer Folge herausstellt, die Uhr behalten, der selbst zum Adepten dieses Weges wird.

4. Im Erzähler beginnt nun die Frage aufzukeimen nach dem Sinn des Nichtwissens. Der Greis erhebt drohend die Hand: „Nichts wissen wollen! Lebendiges Wissen kommt von selbst!“ Hier ist die mittlere entscheidende Stufe des Aufstiegs; nur wer sich dem Wissen öffnet — dem Geist, wie er weht — der kann ihn assimilieren. 23 Stunden hat die große Uhr, die aus den 23 Buchstaben des Sinnspruches gebildet ist — die Anzahl der menschlichen Chromosomen, die seine Geschlechtskraft und damit den Schlüssel zur Erlösung bestimmen; 24 Stunden schließen den Kreis zur Zeitschlinge, in der der irdische Mensch gefangen ist; doch kann er aus der 23. Stunde, aus der Mitte des zwölften Hauses den Weg in die Freiheit der Erlösung, die Sonntagsruhe, einschlagen.

5. Zwei Schwellen halten den Menschen im Alltagsbewußtsein fest und verhindern sein Erwachen: Traum und Tiefschlaf oder Tod. Die erste Schwelle überwand der Erzäh-

ler, als er sich im XI. Haus seinem Schatten, seinem traumhaften Unbewußten anvertraute, der ihn zum Uhrmacher geführt hat. Doch die größere Schwelle, die Todesangst, ergreift ihn jetzt, da seine Uhr wieder zum Gehen gebracht werden soll; fast fällt er der Angst zum Opfer, alles sei Illusion, obwohl der Uhrmacher beruhigend auf ihn einspricht. Da erinnert er sich an den Spruch seiner Kindsfrau, daß der große Uhrmacher jedes stehende Herz, das man ihm anvertraut, wieder zum Gehen bringt. Das innere Kind in seinem Vertrauen weiß die Wahrheit, die der Uhrmacher nun bestätigt: die Uhr geht wieder.

6. Voll der Scham nimmt der Erzähler sie in Empfang und hört nun als sechste Stufe Weisheit und Mahnung: Menschen des geistigen Weges, die Kinder Gottes, scheitern oft in der menschlichen Wirklichkeit des zweiten Hauses im Zeichen des pflügenden Ochsen. Doch manchmal ist dieses Scheitern oder Zögern ein Vorbote großer Katastrophen, wenn der Ochse zum Büffel wird und in der glutroten Farbe der Wut die vernünftige Arbeitswelt periodisch zerstört. Genau wie alle anderen menschengeformten Ideale ist auch der Wohlstand des Stierhauses ein Dämon; wer sich ihm anvertraut, dessen Erzeugnis wird ein trügerischer Wechselbalg. Aber dieses Wissen darf nicht Unberufenen weitergegeben werden: daher gilt es, im traditionellen Sinn der Esoterik, sich den Gegebenheiten der Kinder der Erde mit ihren schwarz-weißen moralisch gut-und-böse unterscheidenden Maßstäben anzupassen. Nur wer den Weg zum Uhrmacher findet, der entrinnt der Stunde des Verderbens und erkennt sein Ziel in der nun folgenden höchsten Stufe der Unterweisung.

7. In der letzten Stufe offenbart sich der geistige Führer als ewig lebendiger, echter Weiser und zeigt dem Erzähler für die Zukunft, die erst jenseits der Stufen anheben wird, seinen eigenen geistigen Weg: auch er wird dereinst berufen sein, Uhren heil zu machen, gescheiterten menschlichen Schicksalen ihren Sinn und Lauf zurückzugeben; dann wird sich der Spruch an der Wand vollenden: das Nichtwissen wird zu höchstem Können; wer die Illusion des meinenden Wissens, die Ichverhaftung durchstößt, wird Teil der heilenden Urkraft und damit des wahren Reiches der Menschheit, das gleichzeitig das Reich Gottes ist.

ANHANG

Gustav Meyrink wurde als Sohn des württembergischen Ministers Carl Freiherr von Varnbüler und der bayrischen Hofschauspielerin Marie Meyer am 19. 1. 1868 in Wien geboren; er starb in Starnberg in Oberbayern am 4. 12. 1932. Er besuchte das Gymnasium in München, Hamburg und Prag, und studierte anschließend an der Prager Handelsakademie. 1889 bis 1902 war er Bankier in Prag, und geriet ohne sein Verschulden in materielle Schwierigkeiten, wie er sie in seiner Novelle mit dem „Stehenbleiben des Uhrzeigers im II. Haus" andeutete; er kam ins Gefängnis in Untersuchungshaft; dort erst vollzog sich seine Wandlung zum Schriftsteller. Ein Niederschlag dieser Zeit findet sich in den Gefängnisszenen des „Golem".
1903 wurde er Redakteur des „Lieber Augustin" in Wien, später Mitarbeiter des „Simplizissimus". 1917 erhielt er vom bayrischen König das Recht, sich offiziell nach einem Vorfahren mütterlicherseits Meyrink zu nennen.

Werke

Der heiße Soldat, Erzählungen 1903
Orchideen, Erzählungen 1904
Das Wachsfigurenkabinett, Erzählungen 1907
Des deutschen Spießers Wunderhorn, Novellen 1909
Der Golem, Roman 1915
Das grüne Gesicht, Roman 1916
Fledermäuse, Novellen 1916
Walpurgisnacht, Roman 1917
Der Engel vom westlichen Fenster, Roman 1920
Der weiße Dominikaner, Roman 1921
An der Schwelle des Jenseits, Schrift 1927
Gesammelte Werke, 6 Bände 1917
Die Uhr, Drama (zusammen mit Roda-Roda)

Zum Schlüssel der Meyrinkschen Metaphysik:

A. & W. Keyserling, Das Rosenkreuz, Innsbruck 1956, Verlag der Palme
C. G. Jung, Psychologie und Alchemie, Zürich 1940

Zur Prager Esoterik:

John Read, Prelude to Chemistry, London 1936
Rudolf Chadraba, Duerers Apokalypse, Prag 1964
Karel Stejskal-Josef Krasa, Astralvorstellungen in der mittelalterlichen Kunst Böhmens, Brno 1964
J. Kepler, Mysterium Cosmographicum, Augsburg 1923
J. Kepler, Harmonice Mundi, München und Berlin 1939

Zum Pythagoräismus:

A. v. Thimus, Die harmonikale Symbolik des Alterthums, Köln 1868
Hans Kayser, Pythagoras, Zürich 1946
Hans Kayser, Lehrbuch der Harmonik, Zürich 1950
Rudolf Haase, Leibniz und die Musik, Hommerich 1965
Jamblichos, Pythagoras, Zürich 1963
Die wesentlichen Schriften von Leibniz sind in der Reklam-Bücherei erschienen.

Lieferbare Werke von Gustav Meyrinck:

im Verlag Langen Müller:

Das Haus zur letzten Latern. Nachgelassenes und Verstreutes.
Hrsg. v. Eduard Frank.
Des deutschen Spießers Wunderhorn. Gesammelte Novellen.
Der Golem. Roman.
Fledermäuse, Erzählungen, Fragmente, Aufsätze.
Hrsg. v. Eduard Frank. –
Der weiße Dominikaner. Aus dem Tagebuch eines Unsichtbaren.
Roman. Mit einem Nachwort von Eduard Frank.
Wachsfigurenkabinett. Erzählungen. Ill. v. Andre Lambert.
Walpurgisnacht. Roman.

im Verlag Droemer Knauer:

Der Engel vom westlichen Fenster. Roman.
Das grüne Gesicht. Roman.

Biographie

Smit, Frans: Auf der Suche nach dem Übersinnlichen.
(im Verlag Langen Müller)

Verlag der Palme Wien

Arnold und Wilhelmine Keyserling: Das Rosenkreuz.

185 Seiten, Großoktav, französisch broschiert, mit vielen graphischen Darstellungen und Farbkreis. ÖS 240,–; DM 36,–.

Das Jugendwerk des Herausgebers der vorhergehenden Schrift bedeutete den Versuch, die Scheidung zwischen exoterischer und esoterischer Philosophie, zwischen europäischer und asiatischer Tradition durch Rückbesinnung auf das Ursymbol des Rades zu überwinden, welches in der abendländischen Überlieferung als Rosenkreuz bezeichnet wurde. Ausgehend von pythagoräischer Zahlenlehre und Harmonik, der Zwölftonmusik von Josef Matthias Hauer und der Lehre des kaukasischen Philosophen Gurdjieff ist es den Verfassern gelungen, eine Reihe bisher okkulter Zusammenhänge wie den Ursprung der Bedeutung der Tierkreiszeichen und Planeten zu entschlüsseln, und ferner eine überzeugende neue philosophische Grundlegung der Sprachstruktur als Kategorienlehre auf Grund der neun Ziffern zu entwickeln.